ALFRED LE RIMEUR.

ALFRED LE RIMEUR,

DRAME EN UN ACTE ET EN VERS,

PAR

EUGÈNE VILLEMIN,

ÉDITION INTIME,

Tirée à douze Exemplaires seulement.

ORLÉANS,

IMPRIMERIE D'ALEX. JACOB,

Rue Saint-Sauveur, 34.

1852.

A MADEMOISELLE

AUGUSTINE BROHAN,

De la Comédie Française,

CE DRAME EST DÉDIÉ

PAR L'AUTEUR,

EUG. VILLEMIN.

PERSONNAGES :

Le Commandant TOURVILLE.

Henriette de VALREUSE, sa nièce.

HERMINE, sa jeune femme.

BEAUPRÉ, domestique,

Un Procureur du Roi.

PERSONNAGES MUETS :

Alfred DE MARSELNY.

Un Greffier.

La scène à Clermont.

18..

ALFRED LE RIMEUR.

Un salon meublé avec luxe , dans le style Pompadour.

SCÈNE PREMIÈRE.

Le Commandant TOURVILLE, *puis le domestique* BEAUPRÉ.

M. TOURVILLE.

Il essaye la pointe de deux fleurets.

Ils sont du bon faiseur...pur acier...fine trempe...
— Beaupré!..

BEAUPRÉ.

Mon commandant!..

M. TOURVILLE.

Le jour luit, je décampe!

— Prends ça.

BEAUPRÉ

Des fleurets?

M. TOURVILLE.

Oui.

BEAUPRÉ.

Des fleurets!

M. TOURVILLE.

Cours devant ;
Et derrière la butte, où, cassés par le vent,
Penchent sur le ravin trois ormes... de mon âge...
Va-t'en ; et cache-toi des gens du voisinage...

Beaupré sort.

SCÈNE II.

M. TOURVILLE.

—Un ami... le dernier... — Tous les autres sont morts!—
Faudra-t-il..?—Ventre-Dieu! que chantent mes remords!
Si de certains amis faits d'un certain calibre
N'y voient que privilége à se donner champ libre...
Si, quand vient le dessert, truffes et chambertin
Exaltant les vapeurs d'un cerveau libertin,
Ils outragent gaîment l'ami jusqu'en sa femme ,
L'ami n'existe plus. L'honneur, l'honneur réclame !
L'honneur dit au vieillard, à l'époux outragé :
D'un trait lâche et menteur non pas qu'il soit vengé,
Mais qu'une pauvre enfant qui le soigne et qu'il aime
De tous soit respectée autant que de lui-même.

Un mot leste bientôt circule, et d'un vol prompt
Frappant la jeune épouse , il lui souille le front.
— L'heure passe, et j'hésite...

Il regarde par la croisée.

Un corbeau..? mauvais signe...
Au destin, quel qu'il soit , baste! je me résigne...

Entre Hermine qui ne s'attend pas à trouver son mari.

SCÈNE III.

M. TOURVILLE , HERMINE.

HERMINE (*à part*).

Je suis perdue...

M. TOURVILLE.

Hermine?.. où vas-tu si matin ?

HERMINE.

Mon ami...

M. TOURVILLE.

Qu'est-ce donc?

HERMINE.

... Un projet... clandestin...
Une surprise...

M. TOURVILLE.

Attends... (*à part*) Oui! le vingt-neuf septembre,
Ma fête... Saint Michel! (*haut*) Je sais, hors de sa chambre,
Pourquoi l'on sort, Madame; et ce qu'on cherche ici
Au point du jour, mon cœur le devine... merci!
(*à part*) Quelque joli cadeau que son aiguille achève...
(*haut*) Cache bien ton secret... prends garde qu'on ne lève

Le mystérieux voile. . .— Hé bien! .. de tes esprits
Calme le trouble. . .— Adieu. . . je veux être surpris!. ..

La pendule sonne une demie. — A part.

Je suis fou. . . j'oubliais. . . (*haut*) Cette fois , je termine :
Si je viens à mourir. . . car je vieillis, Hermine. . .
Rappelez-vous un homme, enfant, qui vous aimait ;
Dont le bonheur suprême en vous se résumait ;
Dont l'œil vous aura vue, à l'instant qu'il succombe ,
Luire, chaste arc-en-ciel, aux abords de sa tombe ,
Fleurir, malgré l'hiver, beau lis, qui jeune encor
Sur le front du vieillard jette sa poudre d'or. . .
— A m'éloigner dès l'aube une affaire m'oblige.
Mais laisse-moi parler d'un sujet. . . qui t'afflige. . .
Quand. . . mon congé viendra! prends garde à mes neveux,
Ce qui fait mon bonheur les blesse dans leurs vœux. . .
Ils t'exécrent. . . surtout la Femme de Valreuse ;
Point de piége hideux qu'à tes pieds on ne creuse. . .
Henriette surtout. . . prends-y garde !

Il reste un instant à la regarder.

Mon Dieu!
Que tu me sembles belle ! — Adieu, je t'aime!.. Adieu!

Il sort.

SCÉNE IV.

HERMINE *seule.*

Noble et bon. . . indulgent, il m'aime ; tout m'accuse,
Je n'ai pas un grief. . . je n'ai pas une excuse. . .

Elle regarde par une croisée.

— Alfred!.. c'est l'heure! — Alfred escalade le mur !
Ho!.. s'ils se rencontraient... — Sous le feuillage obscur
Ils marchent l'un vers l'autre, et plus rien qu'une touffe
De passiflore entre eux... le vertige m'étouffe...

Elle recule... et revient à la fenêtre.

Alfred l'a vu!.. Sauvés! — Que de périls, grand Dieu!
Pour se dire Bonjour et tout de suite Adieu!..
Et j'ai tant de remords d'un baiser qu'il m'envoie
Que je voudrais mourir... succomber dans ma joie...

Elle tire une lettre de son sein.

— Mon Alfred!.. mon poète!..

Elle se met à lire.

   « Hélas! tu me crois fort...
« En cela, comme en tout, nos cœurs vibrent d'accord.
« J'ai peur comme une femme; oui, comme toi je tremble
« Que le vieillard un jour ne nous surprenne ensemble.
« J'ai peur... tu me comprends sans doute... ce n'est pas
« Que mon âme recule en face du trépas ;
« Mais quand on n'est pas fourbe, Hermine, et qu'on se nomme
« Alfred de Marselny, venir tromper un homme ,
« Un vieillard!.. et penser que lui, — qui marche droit! —
« Pourrait surgir, armé de son terrible droit,
« Nous broyer du regard, se dresser comme un juge!
« Je te l'accorde, Hermine, il n'est qu'un seul refuge
« La mort... »

Elle baise la lettre.

 Alfred, merci... j'ai le cœur plus content...

Elle continue.

« Ne te soustrais donc plus à mes baisers! — Pourtant,
« Mourir?.. mourir! briser d'un coup amour, jeunesse?

« Aux clartés d'ici-bas crois-tu que l'on renaisse?
« Que m'importe le monde et ses cris?.. Dans mes bras,
« Je t'emporte ; je t'aime, Hermine , tu vivras !..
« Dans tes regards sacrés ma prunelle s'enivre...
« Ho ! puise dans les miens l'ardente soif de vivre !
« Fuyons! aimons! vivons! — Sur ce globe d'un jour,
« La vertu n'est qu'un mot... rien n'est vrai que l'amour...»

Elle réfléchit tristement.

— Non... j'aime mieux mourir !..

On frappe dans les mains.

Ha ! voici qui l'annonce.

Elle se penche au balcon.

— Prenez, Monsieur, prenez... emportez la réponse...

Elle jette un papier.

— Que faites-vous, grand Dieu ?.. si vous escaladez
Ce balcon... il fait jour, Monsieur... vous me perdez !..
Fuyez !.. n'espérez pas... jamais... que je pardonne...
Alfred ! je vous supplie...

*A l'instant où Marselny montre la tête, entre Madame Henriette
de Valreuse ; aussitôt il disparaît.*

SCÈNE V.

HERMINE, HENRIETTE DE VALREUSE.

HENRIETTE (*qui jette un cri*).

Ho !..

HERMINE (*à part*).

Mourir... tout l'ordonne...

Alfred, tu l'as voulu... Celle qui nous surprend
Me déteste... Le mal qu'on fait... Dieu vous le rend !..

HENRIETTE.

Bonjour ! (*à part*) Dissimulons. (*haut*) J'arrive avec l'aurore ;
Pardonnez... saint Michel... le patron, que j'honore
Invariablement, m'appelle en ce manoir
D'un air tout féodal planté sur ce roc noir !..
D'ailleurs Paris m'assomme... il se démocratise...
Quant aux chemins de fer, ma Tante, autre sottise !
Un caillou sur le rail, un ruisseau débordé
Empêtre pour la nuit le convoi retardé...
Entre quatre milords je suis restée en panne !
Ha... des inventions du siècle on se pavane !..
Je n'y vois rien, pourtant, qui soit bien merveilleux.

Elle examine l'ameublement.

— J'aime ces vieux tableaux, portraits de nos aïeux,
Ces meubles, ces tapis, adorable antiquaille,
Ces flambeaux Louis quinze et ce biscuit rocaille ;
C'est un bel âge au moins que l'âge Pompadour...
D'une façon charmante on y traitait l'amour !...
— Mais vous ne dites rien ?..

HERMINE (*à part*).

O mon Dieu ! que résoudre ?

HENRIETTE (*à part*).

Allons, ma Tante, allons ! parez le coup de foudre !..

HERMINE (*embarrassée*).

Vous disiez... que les rails..?

HENRIETTE.

Sont chose laide à voir ;
Que depuis Louis quinze on ne fait que déchoir...
— Vous-même, quelles sont là-dessus vos idées ?..

HERMINE.

De grâce, épargnez-moi ; vos haines mal fondées
Peuvent se réjouir... je ne me défends pas...

HENRIETTE (*finement*).

Quel était ce jeune homme à qui vous parliez bas ?..

HERMINE.

Un étranger...

HENRIETTE.

Perdu, je pense... et qui peut-être
Venait vous demander sa route à la fenêtre..?

HERMINE.

Pour tous, hormis pour moi, oui, c'est un étranger..
Croyez, ne croyez pas ; je cours même danger ;
Vous m'enserrez, Madame, et je n'ai plus d'asile.
Je ne lutterai point ; il vous est trop facile
De vaincre... mais bientôt, peut-être plaindrez-vous
Celle qui vous implore...

HENRIETTE.

Hermine !..

HERMINE.

A deux genoux...

HENRIETTE.

Elle relève Hermine qui est à ses pieds.

Je vous hais, croyez-vous ?.. mais non, calmez ce trouble...
Pour vous depuis longtemps chez moi flotte un cœur double.
Vous plaît-il m'écouter ?... — Je prends mon sérieux...
Ce que j'admire fort... je n'en crois pas mes yeux...
Malgré tout, c'est réel, je vous parle doctrine.
— Vous me faites obstacle, et cela me chagrine.
L'obstacle, je le hais... mais las !.. royalement !..
S'il s'agissait d'un drame avec son dénoûment,
Pour graduer l'effet dans un cadre bien vaste,
On me sacrifirait, je vous ferais contraste...
Il n'est pas question de fable, Dieu merci,
Mais de réalité ; donc, pesez bien ceci :
Tout naturellement, dans vos bras je m'élance,
Hermine... — L'intérêt fait seul que je balance ;
L'intérêt !.. ce mot vil sonne mal... l'intérêt !..
Que voulez-vous ? du siècle il est tout le secret.
Autrefois, les partis masquaient ce mot vulgaire ;
De nos jours, on l'inscrit sur son drapeau de guerre.
Le principe n'est plus qu'un voile transparent.
Sur le vieux monde il règne un miasme dévorant...
Pour qui jouira plus de ce métal qui forge
Tant de besoins, Hermine, on s'attaque, on s'égorge...
Je suis femme, et n'ai point de stoïque vertu..
Pareille à la Cigale au bout de son fétu,
Je veux passer gaîment la saison où l'on chante.
Appelez-moi du nom que vous voudrez : méchante,
Avide, ambitieuse ; il me faut des valets,
Du luxe, des plaisirs, du clinquant, des palais.

Sur un fougueux Landau quatre juments lancées ;
Je suis... aristocrate ! et des plus renforcées ;
Car les femmes de race ont jusqu'au bout des doigts
Un parfum que j'adore et qui manque aux bourgeois.
J'aime à semer l'argent... la femme du vrai monde
Dans ses profusions n'entend pas qu'on l'émonde...
Mais... l'inconvénient est que d'un cours fatal
Déclinent chaque hiver rentes et capital...
— Un oncle me restait... vos beaux yeux me l'emportent ;
Et vers vous quels que soient les élans qui me portent...
Je vous l'ai dit, je veux des chevaux, des valets,
Du luxe... — Or, je vous trouve au point où je voulais.
J'implorais du hasard un gage où l'on contracte,
Et sans le pouvoir rompre, un mystérieux pacte.
Ce gage sûr, je l'ai ; votre main... donnez-la.
Rappelez-vous un peu tout ce que j'ai vu là. . .

. . . .

Hermine... et désormais nous serons l'une à l'autre.

HERMINE (naïvement).

Pourquoi.. ?

HENRIETTE.

Pour conquérir ma fortune et la vôtre...

HERMINE (étonnée).

Plaît-il ? ..

HENRIETTE.

L'art d'hériter exige un long travail.
Vous êtes jeune encor... mais je puis en détail
Vous l'apprendre...

HERMINE (*à part*).

Dieu bon !

HENRIETTE.

Vous gardez le silence. .?

HERMINE.

Tout naturellement dans vos bras je m'élance,
Henriette... mais...

HENRIETTE.

Quoi?..

HERMINE.

Vous me connaissez peu.

HENRIETTE (*impérieusement*).
Je connais votre honneur... dont je fais mon enjeu...
— Quand j'y pensais le moins, je vous surpris en faute...
Quel fut, au point du jour, ce visiteur, cet hôte ?
Je m'étonne de l'heure où ce jeune étranger
Pour lui montrer sa route ose vous déranger...
Inconnu?.. je veux bien... est-ce de tout le monde ?
Sur ce texte infini j'arrête ma faconde.
Je dis mon dernier mot : selon votre désir,
Ou la guerre, ou la paix. Je vous donne à choisir.
La guerre? on se détruit. — La paix ? on se concerte... —
Optez pour la concorde, ou craignez votre perte.
Mais souvenez-vous-en, mon penchant naturel
M'entraîne à vous aimer. Mon Oncle est Sganarel,
Il l'a voulu... tant pis. J'attends une réponse.
Dans sa bonne moitié pour vous mon cœur prononce

Dès que nous pactisons ! — Mais l'obstacle restant,
Je ne vous connais plus... tout se brise à l'instant ! —

SCÈNE VI.

HENRIETTE, HERMINE, BEAUPRÉ.

BEAUPRÉ.

Tout essoufflé et tout effaré.

Ha, madame... Ha ! ha ! ha !..

HERMINE.

Dieu ! sa frayeur me glace !

BEAUPRÉ.

Monsieur de Montrevel transpercé, mort sur place...
Oui, Madame, un duel !..

HERMINE.

Un duel ?

HENRIETTE.

Et pourquoi ?

BEAUPRÉ.

Monsieur le commandant m'a dit : « Beaupré, tais-toi ! »
Je me suis tu d'abord... Mais regardant sur terre
L'autre alongé... Comment ! que je me dis, me taire ?
Un duel sans témoin, ça peut tourner mal, oui !..

HENRIETTE.

Un duel sans témoin !..

BEAUPRÉ.

> Sauf moi, sauf l'autre et lui.
Mais ça ne suffit pas... Aussi, peur de grabuge,
Peur du tiers et du quart et du diable et du juge,
Parlons, je me suis dit... — Mais, ne me vendez point...
C'est qu'il porte un fleuret solide au bout du poing,
Le commandant !.. — Pourvu que l'instinct de bien faire
N'aille pas m'attirer quelque méchante affaire...

HENRIETTE.

Monsieur de Montrevel ! son ami...

HERMINE.

> Le meilleur !

BEAUPRÉ.

Enragé pour l'escrime et subtil ferrailleur...
Mais...

HENRIETTE.

Chut ! le commandant !..

BEAUPRÉ.

> Lui-même ; il tourne l'angle
Du vieux mur... Je ne suis pas bien ; la peur m'étrangle...

SCÈNE VII.

HENRIETTE, HERMINE, M. TOURVILLE, BEAUPRÉ.

M. TOURVILLE.

Ha... ma nièce! — Bonjour. —

HENRIETTE.

Mon Oncle, permettez...

Elle l'embrasse.

M. TOURVILLE.

Ouf!

HERMINE.

Vous souffrez?

M. TOURVILLE.

Moi? — Rien. —

HENRIETTE.

Cher Oncle... vous mentez.
Quelque chose me dit que pour une estocade,
Vous fîtes dès le jour quelque belle escapade.

Beaupré détale.

SCÈNE VIII.

HENRIETTE, HERMINE, M. TOURVILLE.

M. TOURVILLE (*à la cantonade*).

Hermine semble accuser Henriette de son indiscrétion.
Oui!.. sauve-toi, maraud! tu fais bien... peste soit
Du drôle!.. — Ouf!—

HERMINE.

Vous souffrez?..

HENRIETTE.

Mais...l'on s'en aperçoit...

M. TOURVILLE (*la main sur son cœur.*)

Il semble que j'ai là des couleuvres...qui mordent...
Ou qu'un boulet m'étouffe. Allons! mes pleurs débordent!..
Dieu sait pourtant que j'ai l'œil aux larmes rétif...
Mais l'ancien , le dernier...Montrevel!..

HERMINE.

Quel motif?..

M. TOURVILLE.

Quel motif?.. je suis fou...pour rien, un mot, un geste...
J'ai le dos cuirassé, quand c'est moi qu'on moleste...
Mais...voilà! — sur ton compte, un seul propos lâché
M'irrite et je bondis ; — Dame! j'en suis fâché;
Je pleure maintenant... — mon dernier camarade,
Je le tue! — Il est mort pour rien...une algarade!..
— Hermine!..que d'amour, de tendresse et de soin
Pour guérir un tel coup mon âme aura besoin...

HENRIETTE.

N'en doutez pas, cher Oncle ; on vous aime, on vous soigne.
Le plus pur dévoûment chaque jour en témoigne...
Et le fidèle amour qu'on vous porte...

HERMINE (*à part*).

Grand Dieu!..

HENRIETTE.

Parle, éclate, rayonne à toute heure, en tout lieu...
A toute heure surtout ! Dès que l'aube étincelle
En stigmates certains votre amour se décèle ,
Ma Tante...

HERMINE.

Madame...

M. TOURVILLE.

Ha ! — chère Nièce , il paraît
Qu'il faudra contre tous aiguiser mon fleuret.
— Apprenez, je vous prie , à respecter ma femme !
Respectez-la... sinon ! je vous chasse , Madame...

HENRIETTE.

Je ne m'explique pas la fureur qui vous prend ,
Mon Oncle... (*à part*) S'il ne voit le délit bien flagrant,
Rien ne sert; louvoyons...

M. TOURVILLE.

Oui! tramez quelque pièce...
Et tâchez... Ventre-Dieu ! je vous chasse, ma Nièce !..

HERMINE (*avec énergie*).

Henriette ? — chasser l'enfant de votre sœur ? —
Il plaisante...

HENRIETTE.

Et moi donc ? — J'aurais cette noirceur
De vous attaquer ! — Non. — Je ris. — Oncle terrible !
Je ris , entendez-vous ?

M. Tourville est songeur.

Qu'est-ce encor ?

M. TOURVILLE (*qui n'entend pas*).

> Chose horrible !

Un ami de trente ans...

HENRIETTE (*bas à Hermine*).

> D'un effort mutuel ,

Allons! de sa mémoire écartons ce duel...
— Vous avez le cœur bon , Hermine , et je vous aime.
(*Haut*) Mon Oncle...

HERMINE.

Mon ami...

HENRIETTE.

> Rétractez l'anathème.

HERMINE.

Voyons ! pardonnez-lui...

M. TOURVILLE.

> Prouvez-moi que j'ai tort

Et que je n'y vois goutte, et que je...c'est trop fort!..

HERMINE.

Vous êtes un méchant...

HENRIETTE (*en riant*).

> Un homme atrabilaire.

— Combien de jours encor serons-nous en colère?..
Mieux que vous, mon cher Oncle, Hermine me connaît.

M. TOURVILLE.

Ha...

HENRIETTE.

Elle lui présente un rouleau de carton satiné, colorié, enrubané
de faveurs roses.

Pour vous radoucir, fouillez dans ce cornet...
Du chocolat, Monsieur... le meilleur qu'on fabrique...

M. TOURVILLE.

Elle a pour vous calmer toujours quelque rubrique.

HENRIETTE (*embrassant Hermine*).

Approchez, vous qu'on hait, qu'on ne supporte pas...
(*à part*) Je l'aime, en vérité !...

A son Oncle.

Que pensez-vous tout bas ?

M. TOURVILLE (*à toutes les deux*).

Qu'un délice bien pur charmerait ma vieillesse,
De voir marcher d'accord mon Enfant et ma Nièce.

A Henriette.

Les autres, tes Cousins, enragés garnements !..
Tu ne vaux guère mieux, mais j'ai des mouvements
Qui m'entraînent ; je sens dans toi ma sœur revivre ;
Ton regard qui ressemble à son regard m'enivre...

HENRIETTE.

Vous me préférez donc ?..

M. TOURVILLE.

Coquine ! tu le sais !..

Henriette tient toujours Hermine affectueusement.

Ne vous dérangez pas... Quand vous vous embrassez.

Vous ressemblez un groupe éclos d'un bloc de marbre !
— A l'encontre de vous, et que suis-je ? un vieil arbre
Dont le cœur vermoulu s'éparpille en débris...
A te perdre, ô jeunesse ! on connaît mieux ton prix !..

Elles s'approchent du commandant et le prennent
chacune par la main.

HENRIETTE.

O mon Oncle !

HERMINE.

O mon Père !

M. TOURVILLE.

Oui, vous êtes mes Filles !

A Hermine.

Ta candeur, mon Enfant...

A Henriette.

Toi, l'esprit dont tu brilles,
Complètent mon bonheur !..

Il lui survient un étouffement.

— Allons... mon cœur bondit
Comme une carpe... — Un jour, les médecins l'ont dit,
Je claquerai par là tel qu'un vieux pot d'argile...
Les canons qu'on réforme ont l'écorce fragile...
Enfants ! soutenez-moi... je suis faible...

HENRIETTE.

Il vous faut
Un cordial... tenez... quelques doigts de vin chaud...
Je cours...

HERMINE (*gracieusement*).

Restez... Je dois faire cette besogne.

M. TOURVILLE.

Écoute un peu... Du sucre et du vin de Bourgogne,
Celui de Mil huit cent... il porte un cachet vert.
Vous entendez, Madame...

HERMINE.

Oui, Monsieur... on vous sert.

M. TOURVILLE.

— Un cœur d'or !..

SCÈNE IX.

M. TOURVILLE, HENRIETTE.

M. TOURVILLE.

Henriette...il est temps que tu saches
Comment, avec un asthme et de blanches moustaches,
J'épousai tout-à-coup ce jeune et frais minois.
J'aurais gardé long-temps mon secret... mais je vois
Ton cœur moins prévenu contre nous... j'ai la fibre
Délicate... et pour toi mon affection vibre...
— Mes héritiers m'en ont voulu... toi-même un peu...

HENRIETTE.

J'étais jalouse...

M. TOURVILLE.

Allons! j'enregistre l'aveu ;
C'est bon signe. A mon tour: ce vieux fou que l'on blâme,
Juge-le. — J'étais veuf; je cherchais une femme.

Et la mère d'Hermine avait pour le moment
Une sœur, veuve aussi. Je vais tout rondement
Demander cette sœur à la mère d'Hermine,
Qui se trouble... ouvre un œil étonné, m'examine...
Et me propose au lieu d'une veuve, un enfant,
Sa fille... Tout d'abord ma pudeur se défend...
— Réfléchissez, dit-elle ; avant que le jour tombe,
Monsieur, vous la verrez...
               Je la vois... je succombe :
Me promettant tout bas, — j'en ai fait le serment ! —
Que dès l'heure où mon joug lui serait un tourment,
J'aurais la force... Bref, je poursuis mon idée.
Près d'elle cadre mal une tête ridée...
Je le sais, j'en conviens ; j'escompte les instants,
Je les happe au passage, oui, ma Nièce... et j'attends.
— Attendre?.. j'oubliais ma sanglante querelle...
Mon plus ancien ami, que j'ai tué pour elle,
Précipite mes jours, il m'ouvre le chemin...
Avant que de mourir il m'a tendu la main.
Dans mon cœur retentit cette dernière étreinte,
Dans mon âme le sang versé mit son empreinte,
Une odeur de sépulcre accompagne mes pas...
Attendre?.. C'en est fait, je ne survivrai pas...
— Mais elle..? Hermine? il faut que rien ne l'inquiète ;
Tu comprends?.. cachons-lui ma tristesse, Henriette.
Vite, assieds-toi, parlons... que sert de l'affliger?
— Écoute... l'entends-tu qui vient d'un vol léger?..

SCÈNE X.

HENRIETTE, HERMINE, M. TOURVILLE.

HERMINE.

Elle accourt joyeuse avec son bol de vin chaud.
J'ai mis avec le sucre un soupçon de canelle...

M. TOURVILLE.

J'aime cette Enfant-là d'une âme paternelle...
— Sur moi baisse un regard, mon bel Ange gardien;
Hermine, ton bonheur m'est plus cher que le mien.
Après avoir bu
Ha... je me sens plus fort... je vais sous la charmille...

HENRIETTE.

A mon tour, cette fois !..

M. TOURVILLE.

                C'est ça... mon autre Fille...
En souriant.
— Veille un peu sur les gens du Seigneur châtelain,
Hermine...

A Henriette.
Et toi... jabotte avec ton air câlin...

SCÈNE XI.

HERMINE *seule, puis* HENRIETTE.

HERMINE.

Je sens , quand il me parle, une rougeur qui monte...
Non! Non! je ne puis vivre ainsi... je me fais honte...
Pour instruire ma Mère, achevons cet écrit...
Hélas... à peine éclos, mon rêve se flétrit...
—Pauvre Mère... son cœur... Allons! il faut tout mettre,
Tout lui dire...

Elle aperçoit Madame de Valreuse qui rentre.

Henriette!..

HENRIETTE (*à part*).

Elle cache une lettre...

*En effet, Hermine jette sa lettre dans un buvard
et le referme dessus.*

SCÈNE XII.

HENRIETTE , HERMINE , M. TOURVILLE , UN PROCUREUR
DU ROI ET SON GREFFIER.

M. TOURVILLE.

Entrez, Messieurs, entrez...

LE PROCUREUR.

Un duel, Commandant,
Un duel sans témoin! vous fûtes imprudent...

M. TOURVILLE.

Chut!..

Se tournant vers Hermine et Henriette.

Laissez-nous.

HERMINE (*à part*).

Mon Dieu!

Elle se dirige vers le buvard pour sauver la lettre.

HENRIETTE (*qui l'en empêche*).

Venez, venez, ma Tante.

HERMINE (*à part*).

Ho, le sort me poursuit...

HENRIETTE (*à part*).

Quelque preuve éclatante,
Quelque doux madrigal... (*Haut*) Venez! venez!

HERMINE (*à part*).

Elle se laisse entraîner pâle, éperdue.

Je meurs...

Elles sortent.

SCÈNE XIII.

M. TOURVILLE, LE PROCUREUR DU ROI, LE GREFFIER.

LE PROCUREUR.

Ce combat meurtrier soulève des rumeurs,
Où le public, qui cherche un motif, une cause,
Se livre à son instinct.

M. TOURVILLE.

Et qu'est-ce qu'il suppose?

LE PROCUREUR.

Je vous en instruirai, Commandant... pardonnez
Si la rigueur des lois...

M. TOURVILLE.

Monsieur, fonctionnez.
Les lois mettent sur tous un niveau légitime.
Rien n'exempte, le rang, ni l'âge...

LE PROCUREUR.

Ni l'estime,
Commandant. — Ainsi donc, pure formalité;
Nous ne suspectons point votre moralité.

Le Greffier s'assied devant une table et déroule ses paperasses.

M. TOURVILLE (*au Greffier*).

Voici plumes, papier, poudrière, écritoire,
Monsieur...

Au Procureur du roi.

Nous procédons à l'interrogatoire?..

LE PROCUREUR.

D'abord établissons le fait comme il advint...

Il fait signe au Greffier qui écrit.

M. TOURVILLE.

Un sujet de querelle entre nous deux survint.
Au plus profond du cœur blessé d'horrible sorte,
Contre un ancien ami j'éclate; je m'emporte;

Il fut mordant, brutal, moi... je devins cruel...
La dispute s'échauffe et provoque un duel.
Je dois vous prévenir que dans mille équipées
Nous avions, pour bien peu, fait battre nos épées...
Nous appelions cela fourbir le fer... du sang
Ne mouillait pas le sol, que tous deux rougissant
Nous nous jetions confus dans les bras l'un de l'autre ;
Nulle amitié n'était plus franche que la nôtre !..
Mais cette fois, Monsieur, la haine intervenant,
Moi-même, l'amour-propre offensé m'entraînant,
La fureur se quadruple au cliquetis des lames,
Le sarcasme s'en mêle, et... nous nous oubliâmes...
Si bien que Montrevel, jugez de ma terreur,
Est tombé raide mort... Monsieur le Procureur,
N'en demandez pas plus ; le reste me regarde...

LE PROCUREUR.

Un duel sans témoins... Commandant, prenez garde.

M. TOURVILLE.

Je suis vieux, peu m'importe...

LE PROCUREUR.

Et l'honneur ?

M. TOURVILLE.

L'honneur? bah !

Je suis connu, Monsieur. Montrevel succomba.
Quel qu'en soit le motif, je ne crains pas qu'on ose
Y voir un meurtre...

LE PROCUREUR.

Ho non.

M. TOURVILLE.

    Mais qu'est-ce qu'on suppose ?
Nous étions seuls d'abord et nous parlions très-bas...

LE PROCUREUR.

Monsieur, d'une querelle on ne se doute pas.
Le vulgaire d'ailleurs est friand de scandale.

M. TOURVILLE.

Sur notre voix, Monsieur, mettons une pédale ;
Si quelqu'un écoutait...

LE PROCUREUR.

   C'est juste.

M. TOURVILLE (*à voix basse*).

     Et le Greffier?

LE PROCUREUR.

J'attends qu'il ait fini ; j'allais le renvoyer.

Le Greffier met de la poudre sur son expédition et la plie.
Monsieur Rilf, laissez-nous...

      Il sort.

M. TOURVILLE.

    Parlez , je puis entendre,
J'ai le cœur ferme.

LE PROCUREUR.

   Hé bien... — Vous devez vous attendre,
Commandant , aux noirceurs d'un public désœuvré ;
De m'en faire l'écho vraiment je suis navré.

M. TOURVILLE.

Devant une infamie, hélas ! bien peu reculent.
Dites, dites toujours !..

LE PROCUREUR.

Des bruits... fâcheux circulent ;
Commandant, on affirme avoir vu dans la nuit
Escalader vos murs... par quel motif conduit,
Un homme avec mystère, un homme à pareille heure,
Pénètre-t-il chez vous ?

M. TOURVILLE.

Un homme en ma demeure ?

LE PROCUREUR.

Un homme, Commandant, le fait est confirmé.

M. TOURVILLE.

Un malfaiteur ?

LE PROCUREUR.

On dit qu'il n'était pas armé.
L'ombre le protégeait... cependant son costume
Était propre, élégant, fort soigné, de coutume.

M. TOURVILLE.

Il vint donc... plusieurs fois !

LE PROCUREUR.

Plusieurs fois.

M. TOURVILLE.

Poursuivez.

LE PROCUREUR.

Mais dois-je..?

M. TOURVILLE.

Dites-moi tout ce que vous savez.

LE PROCUREUR.

Il passe pour avoir séduit beaucoup de femmes,
Monsieur de Montrevel ; il courtisait les dames ;
Grâce à la cinquantaine, il avait libre accès,
Et Clermont retentit de ses nombreux succès.
— Vous-même... devant lui n'auriez point trouvé grâce.
Et cet homme, en un mot, dont on suivit la trace,
De votre parc celui qui franchissait les murs,
Et qu'on distinguait mal... en termes des plus durs,
On le nomme aujourd'hui. — Cette rumeur fermente...

M. TOURVILLE (indigné).

Vraiment !..

LE PROCUREUR.

Votre duel, Monsieur, on le commente,
On l'explique...

M. TOURVILLE.

Infamie ! — Un ami de trente ans...
Accuser Montrevel... mon Dieu ! — Je les entends :
La Commandante est jeune et son mari podagre...
Amusons-nous ; jetons la pierre au vieil Onagre !..
Et toutes les Phrynés de flétrir à l'envi
Ce nom pur ; — un de plus à l'estime ravi ;
Un de plus qui se mêle à l'opprobre des vôtres,
Belles dames ! — Pauvre Hermine, on te ravale aux autres !

Hermine... — Mais, Monsieur, mais vous ne savez pas
Quel ange c'est!.. — Je marche en adorant ses pas...
Hermine... c'est l'honneur d'Hermine qu'on entame...
Mais je la connais, moi! mais au fond de cette âme
Pas un souffle, un éclair, rien qu'on puisse accuser!
— Moi-même, à ce front blanc déposé-je un baiser,
Il me prend des remords... je me dis que je souille
Ce jeune et pur acier, moi, vieux fer qui se rouille.
Hermine est mon enfant! — Quant à Montrevel... non,
Je ne supporte pas qu'on diffame son nom.
Les tribunaux..? tant mieux!.. que le grand jour se fasse.
L'imposture noircit... je veux qu'elle s'efface.
Allez, Monsieur, allez!.. instruisez mon procès.
Clermont retentira de ce nouveau succès.
Pour eux, pour moi, pour tous, il faut une victoire.
Je signe des deux mains cet interrogatoire...
Sur mon intérieur j'appelle le soleil!..

LE PROCUREUR.

Commandant, écoutez... Je vous donne un conseil...

M. TOURVILLE.

Je n'en veux d'autre ici que le cri de mon âme!

LE PROCUREUR.

Je n'ai garde, Monsieur, d'y jeter aucun blâme,
Mais... réfléchissez bien...

M. TOURVILLE.

Réfléchir!..

LE PROCUREUR.

Commandant...

M. TOURVILLE.

Hermine..? Montrevel..? qu'un vulgaire impudent
Couvre de cet amas d'horreurs!..— Je vous estime,
Monsieur... comprenez donc cette soif légitime
De démentir un bruit si honteux pour nous tous !
— Je vous en prie...

LE PROCUREUR.

Alors... Monsieur, je me résous...
— L'absence de témoin, la mort d'un adversaire
Rendent le jugement au surplus nécessaire...
Et j'espère, Monsieur, que dans un cas pareil
Vous expliquerez tout... c'est mon dernier conseil...

Il sort.

SCÈNE XIV.

M. TOURVILLE.

Mais d'où vient ce fagot? mon parc qu'on escalade?
Qui fait courir ce bruit?.. quelque cerveau malade...
Ho! la province!.. un trou large comme la main,
Où filtre et se recuit le fiel du genre humain,
Où faute de matière à consumer ses forces,
On guette, on jappe, on mord... N'avoir d'autres amorces,
Ni d'autres voluptés pour combattre l'ennui
Qu'un bavardage atroce où l'on écharpe autrui !..
Ho! je leur en dirai... mon procès, qu'on l'instruise !..
Bravo !.. ces méchants bruits? j'entends qu'on les détruise...
— Mon parc escaladé... la nuit... ni plus ni moins...
Ils auront des rustauts, véridiques témoins,

Pour confirmer le fait, je gage... il est d'urgence
Qu'auprès d'un avocat je fasse diligence...
— Chaix d'Estange? Berryer? Favre? lequel vaut mieux?
Pour compatir au mal du vieillard, le plus vieux.
— Écrivons...

Il ouvre le buvard.

Malgré moi, ce coup-là me pénètre..
J'en ai le cœur qui gonfle et qui saigne...

Apercevant le papier sur lequel Hermine écrivait.

Une lettre!..

Il la prend dans ses mains.

Elle écrit à sa mère... — Avec bonheur, je vois
La feuille satinée, où de ses petits doigts
Elle trace en courant ces gentils caractères...
— Les femmes maintenant éclipsent les notaires...
Comme elles griffonnaient de mon temps!.. Aujourd'hui,
C'est aligné, perlé, mignonnement conduit...
Trop peut-être... l'excès ne vaut rien...

Il regarde avec complaisance.

Hein?.. que vois-je?
Des cris... désespérés!.. poursuivrai-je?.. le dois-je?
Hermine?.. malheureuse?.. Ho! fut-ce trahison,
Comme père, j'en veux connaître la raison...

Il se met à lire.

« De l'abîme où je cours, vous serez confondue,
« Ma mère; excusez-moi, car vous m'aurez perdue...
— Que veut dire ce mot? « Les calculs maternels
« M'ont livrée au vieillard pour des nœuds éternels? »
Ou bien : « Je prends la fuite! »—Et moi, dont la tendresse..

Continuons... « — Voici du fond de ma détresse
« Que je révèle à toi, Mère, un long désespoir.....
« J'aime... je me croyais forte par le devoir,
« Mais la froide amitié du Vieillard me fut lourde...
« Je pleurais... à mes pleurs la passion fut sourde...
« Encore un jour peut-être... et... »
                              — Plus rien. — Jour d'enfer !
Hélas ! et Montrevel... mort ! frappé de mon fer !..
Le seul homme loyal dont le courage honnête
M'est venu dire : « Ami, la foudre est sur ta tête ;
« Tu crois qu'on t'aime. — Non. — Je connais l'animal
« Que l'on appelle femme ; il ne vise qu'au mal ;
« Prends-y garde... l'instinct de vanité frivole
« Le pousse aveuglément au premier fat qui vole.
« Tu crois qu'on t'aime. — Non. — Et sois-en convaincu...
« Devine... si tu peux ! — » Allons ! j'ai trop vécu !
Mais jusqu'au bout j'assiste à cette comédie !
La franchise m'aurait touché... la perfidie ?.. —
J'accepte mon emploi de tyran conjugal ;
D'un procès scandaleux nous aurons le régal.
— C'est un enlèvement, une aventure en règle !..
Blanche colombe, au vol nous happerons ton aigle !..
Nous allons rire, ha ! ha !.. — Refermons ce buvard.
Taisez-vous, mes Amours ; toujours quelque bavard,
Un chiffon de papier, un meuble, une servante
Dépiste à point nommé le mystère, et l'évente !..
— Rien qu'un enlèvement, et le Cassandre vieux
Moqué, honni, raillé !.. — Le Cassandre a des yeux !..
— « D'un père, avais-je dit, j'accomplirai l'office ;
« Enfant, de quelques jours fais-moi le sacrifice.
« Dans l'âge d'innocence accorde à mes vieux ans

« Quelques tièdes rayons, tu le peux, car je sens
« Que j'approche du terme, et d'ailleurs, si ton âme
« Vibre aux émotions du cœur, ô jeune Femme!
« Si jamais je dois faire obstacle à ton bonheur,
« Écoute mon serment, je suis homme d'honneur :
« Je dénoûrai les nœuds du Magistrat, du Prêtre ;
« A l'heure qu'il faudra je saurai disparaître.
« Seulement marche pure au seuil de mon tombeau,
« Ne me trompe jamais. » — Oui, le rêve fut beau !
Ne me trompe jamais !.. j'ai compté sans l'amorce
Que le fruit défendu couve sous son écorce...
— Vous me trompiez ! Allons ! je rentre dans mes droits ;
Partez ! je vous attends !.. mes Amours ! à nous trois !..

SCÈNE XV.

HERMINE, HENRIETTE, M. TOURVILLE.

HENRIETTE.

Hé bien, mon Oncle ?

M. TOURVILLE.

Hé bien, mes enfants, tout s'apaise.
Sur mon chef, grâce à Dieu, je n'ai plus rien qui pèse,
Procureur et Greffier ont entendu raison.
Plus d'orage fâcheux qui gronde à l'horizon.
Tout va bien. — Malgré tout, j'ai le sang à la tête,
Et je...

Il se dispose à sortir.

Vous permettez..?

HENRIETTE.

Que rien ne vous arrête...

M. Tourville sort, Henriette s'assied vitement et pose un coude sur le buvard.

SCÈNE XVI.

HERMINE, HENRIETTE.

HENRIETTE (*à part*).

Le buvard est en place.

HERMINE (*à part*).
Elle regarde M. Tourville qui s'éloigne.

Il n'a point l'air fâché.

Henriette ouvre le buvard.

— Mais que cherchez-vous là?

HENRIETTE.

Quelque chose caché...

— Ce billet!..

Elle lui montre la lettre.

HERMINE.

Juste ciel!

HENRIETTE.

...Que je plie et je garde.

HERMINE.

Rendez-le moi, de grâce!..

HENRIETTE.

Ho, ceci vous regarde.
Et d'abord, un précepte, Enfant : N'écrivez pas.
Ce que l'on fait... misère! où trébuchent nos pas,
C'est au feuillet noirci, qui relate et constate...
Un seul mot barbouillé comme une foudre éclate,
Bouleverse, détruit; garez-vous désormais.
J'ai connu des gens forts... ils n'écrivent jamais!..
— Mais à propos, toujours votre candeur résiste?
Tout comme ce matin, le *statu quo* subsiste...
C'est fâcheux; je vous aime; et véritablement
Ce m'est au fond de l'âme un malaise, un tourment
Que la guerre entre nous prolonge le divorce.
Tenez! signons la paix. L'union fait la force.
Unissons-nous. — Mon Oncle est vieux... nous le perdrons.
Faisons cause commune, et nous... partagerons.
Les Autres, par nos soins, exclus de l'héritage....

HERMINE.

Madame, épargnez-vous d'en dire davantage...

HENRIETTE (*d'un ton ferme*).

Mais!.. j'ai sur vous la main;

  Elle joue avec la lettre d'Hermine.

     Et d'un pied résolu,
Je marche... par le fait, notre pacte est conclu.
— Ce billet..?

HERMINE.

Dieu!..

HENRIETTE.

Pour qui? Pour ce jeune homme? — Hermine,
Il faut qu'entre nous deux ce combat se termine?
— Comment vous êtes-vous connus?..

HERMINE.

Je n'en sais rien...

HENRIETTE.

Dans un bal. — Avons-nous, hélas! d'autre moyen?
Savez-vous ce que c'est que le bal, chère Belle?
Un port franc. — Le mari, fut-il le plus rebelle,
Y conduit sa moitié. D'un œil louche et chagrin
Il regarde valser... et l'amour va son train.
— Vous vous êtes connus dans un bal, sous la feuille
D'un éventail... — Mon Oncle, avec bonté l'accueille,
Lui?.. —

HERMINE.

Mais dans la maison, Alfred n'est point admis.

HENRIETTE.

Ha bah! — Je l'aurais cru de vos meilleurs amis.
C'est l'usage reçu... le commensal intime
Au festin conjugal prend sa part légitime...
Car... sérieusement, le mariage..? au fond,
Deux sacs d'écus... l'Adjoint qui les prend, les confond ;
Et *benedicat vos!* .. — Le temps passe... l'on aime...
Puis les amis aidant... — Je touche à mon troisième... —
Abattons jeu sur table, et parlons simplement...
— Ce billet disparu, veillons au testament...

Elle met la lettre en pièces.

HERMINE.

Ha, madame ! . .

Elle se jette dans ses bras.

HENRIETTE.

Je suis meilleure qu'on ne pense.
Et ce vilain Alfred. . . dire qu'il se dispense
Des devoirs de sa charge. . . il changera de ton.
Je veux que du cher Oncle il fasse le boston.
C'est de nécessité. . . quand une vapeur monte,
Sur qui calmer ses nerfs ?. . mais ce n'est plus du compte.
Monsieur Alfred viendra, je le veux ! — Chère Enfant !. .

Elle lui prend les mains.

Hermine !. . de m'aimer si ton cœur se défend,
Je le vaincrai, ton cœur ! — Souriez donc, friponne !
—-Peut-on se mettre ainsi ? —Venez... qu'on vous pomponne !
Il te manque, vois-tu ? quatre mois à Paris.
Ouvre-nous tes grands yeux... Ha ! pas moins, tu souris !..
Fine comme un roseau, fraîche comme une pomme,
Tu fais plaisir à voir. — Tudieu ! si j'étais homme !
De tous les Bartholo je viendrais bien à bout...
Pour toi, je me battrais !. . Sir Alfred a bon goût...

Elle se lève et rajuste les bouillons de sa jupe.

— Arthur me trouve aussi pas mal...

Elle se mire dans une glace.

Hein ! que t'en semble ?

HERMINE.

Arthur..? votre mari...

HENRIETTE.

Quelqu'un, qui lui ressemble...
Le numéro deux. — L'autre..? est moins admiratif...

HERMINE.

Qui? l'autre?

HENRIETTE.

Alfred.

HERMINE.

Alfred?..

HENRIETTE (*avec un éclat de rire*).

     Ce jouvenceau plaintif
Qui pour vous meurt... d'amour! que votre âme ingénue
Érige au piédestal, tout là-haut, dans la nue,
Et sur qui, chère Enfant, nous vous cédons nos droits,
Alfred de Marselny, notre numéro trois.
— O pauvres filles d'Ève, ô folles que vous êtes!
Écoutez les chansons, fiez-vous aux poètes!
On soupire... on s'immole... et l'on meurt! jusqu'au jour
Qu'on se résout de faire un voyage d'amour...

HERMINE.

Vous mentez!..

HENRIETTE.

   Hum... le mot n'est point parlementaire.
— Alfred est un rimeur d'un charmant caractère.
Voulez-vous madrigal, bucolique, sonnet?
Il se dégante... il pose... il tourne un robinet,

Et comme de l'eau claire incontinent ruisselle
Un fleuve harmonieux pour moi, pour vous, pour celle
Qui, les jours de vapeurs, verrouillant son boudoir
Hume en guise d'opium ses pleurs... Le Désespoir
Est son dada; tout être a le sien dans la vie.
De son deuil, il parait, vous fûtes poursuivie !
— D'une laide action je dois faire l'aveu :
Mon enfant, ces beaux vers larmoyants sont un jeu.
Mort rime avec remords dans leur molle cadence;
A tel point que j'étais, moi ! dans la confidence...

HERMINE.

Vous !

HENRIETTE.

Moi.

HERMINE.

La preuve ?

HENRIETTE.

Hélas ! ce n'est point malaisé.
Je n'ignore de rien... vos lettres... je les ai.

Elle lui montre un paquet.

« Alfred, dit la dernière, il n'est aucun rivage
« Où d'un pacte maudit j'accepte l'esclavage.
« En horreur à moi-même, et lasse de souffrir...
« Il me faut mon estime; Alfred, je veux mourir...
— Et le reste...

HERMINE (*à part*).

Infamie !

HENRIETTE.

Ai-je bonne mémoire?

HERMINE.

Le monde? chose horrible!..

HENRIETTE.

Oui; plus qu'on ne peut croire.
Pour nous, vivons d'accord; plus de piége hideux.
Désormais loyauté, franchise entre nous deux.
— Dans sa douce candeur, pauvre souris blanchette
Qui du premier appât trottait sur la planchette.
J'arrive à point... du coup, vous trébuchiez vraiment...
— Joignons nos mains...

HERMINE.

Jamais!..

HENRIETTE.

Quoi! du ressentiment!

Hermine sort.

SCÈNE XVII.

HENRIETTE *seule.*

Pour Alfred, pour ce fat que je hais et méprise
Quelle velléité soudaine m'a reprise?..
— Le cœur intrigue mal... tant qu'une fibre bat
L'esprit le plus subtil gauchit dans le combat...

Qu'avais-je tant besoin... de..? — J'ai parlé trop vite ! —
Belle Enfant, malgré tout, je ne vous tiens pas quitte !
Recommençons la guerre ; offrons, dans sa primeur,
Au cher Oncle, un nouveau specimen du Rimeur...

Un bouquet se trouve sous sa main, elle y insère le
billet d'amour.

SCÈNE XVIII.

M. TOURVILLE, HENRIETTE (*à l'écart*).

M. TOURVILLE (*à part*).

Couvert de sang, de honte... odieux... ridicule...
Et le scandale éclate... et si je ne recule...
— Reculer?.. impossible... en vain je me débats,
Tout m'accable ! adieu donc ! qu'ai-je à faire ici-bas ?
Vivre?.. mais l'espérance est à jamais brisée !
Mais la Ville bavarde et j'en suis la risée,
Je me trompe : l'horreur ! — Sur les mains j'ai du sang...
Que dire au tribunal ? j'ai frappé l'innocent ;
Pourquoi frappé ? que dire ? au juge que répondre ?
Mentir ?.. Mais d'un ami l'ombre vient me confondre.
Découvrir tout ?.. le meurtre en est-il pardonné ?
Suis-je absous ? non ! celui qui tue est condamné !
Il marche sous le poids de la faute commise ;
Il traîne une existence à jamais compromise...
Une voix dans son cœur retentit... Cette voix,
Quel jugement l'apaise ? — A toute heure, je vois
Une tache de sang...

Il examine ses mains avec terreur.

Je vois de chaque pore,
A mes regards troublés, du sang qui s'évapore !..
La sueur de Caïn !.. Je suis maudit !.. — Des fleurs ?..

Il les regarde et les froisse avec colère.

Ma fête !.. — Le sarcasme insulte à mes douleurs !..

Il tombe du bouquet un papier, celui d'Alfred de Marselny.

Qu'est-ce ?..

Il ouvre la feuille.

Un billet d'amour ! — Voyons comment s'exprime
Le nocturne galant ?.. — C'est un Monsieur qui rime. —

Il lit.

« Hermine... comme toi, fatigué de souffrir,
« J'aurai, puisqu'il le faut, la force de mourir... »
— D'un amour déjà vieux , quoi ! la pointe s'émousse ;
Déjà l'ennui suprême au désespoir les pousse !..

Il reprend et continue.

« Mourir... — Que viens-tu plaindre et vanter le vieillard ?
« Il t'enchaîne, il te rive au joug d'un corbillard...
« Si je m'étais souillé d'un pareil égoïsme,
« Je m'en serais blanchi par un coup d'héroïsme !
« D'une réaction j'aurais prévu l'instant...
« Et je me serais dit, moi, vieillard impotent :
« Puisqu'un sommeil tranquille et doux berce ton âme,
« J'épanouis la mienne à tes pieds, jeune Femme ;
« Mais ton cœur frémira, mais les dégoûts viendront,
« Alors, sous mon arrêt, je courberai le front...
« Je briserai ce nœud sacrilége, impossible !..
« Non ! je n'argûrai pas d'un droit lâche, risible... »

HENRIETTE.

Que lisez-vous donc là ? Des vers, on dirait..?

M. TOURVILLE.

Oui.

HENRIETTE.

Des vers !

M. TOURVILLE.

Étincelants !

HENRIETTE.

Ha..

M. TOURVILLE.

J'en reste ébloui...

HENRIETTE.

Voyons..?

M. TOURVILLE.

Oui, prends, Mordieu ! Sur l'air : femme sensible,
Ils chantent les maris, leur droit lâche, risible !
Vois ! lis quel beau venin bavent les amoureux !
Hein ? c'est édifiant !..

HENRIETTE.

Mon oncle... c'est affreux !
— Et vous croyez qu'Hermine..?

M. TOURVILLE.

Hermine te ressemble ;
Elle a le diable au corps... Vous cadrez bien ensemble !..

—Ho ! les femmes !.. — J'ai beau vieillir... j'ai la vigueur
Qui manque à mes pareils ! — Le sang me flue au cœur ! —
J'ai trop vécu, ma Nièce ! il est temps que je parte.
Le vieux fait ombre au jeune ; il faut que je m'écarte...
Il faut... va-t'en, va-t'en !.. j'ai le sexe en horreur !..

HENRIETTE.

Au fond de tout cela peut-être qu'une erreur,
Mon Oncle...

M. TOURVILLE.

Erreur me plaît... je te dis que j'en porte ;
Et que... ça ! prendras-tu le chemin de la porte ?..

Henriette sort ; il arme un pistolet, à ce bruit, la nièce
épouvantée revient et lui arrête le bras.

HENRIETTE (*à Hermine qui entre*).

Il veut mourir !..

SCÈNE XIX.

HERMINE, M. TOURVILLE, HENRIETTE.

HERMINE.

Mourir !..

M. TOURVILLE.

Moi ? ton mari ? — vieux fou ! —
Mais ta mère eût mieux fait de me tordre le cou
Que de m'offrir ta main... me tenter, me poursuivre ;
J'ai succombé... tant pis ! — Je pars ; je te délivre.

J'ai vu le précipice, et j'accepte mon sort ;
Quand ça se gâte, il n'est qu'un divorce : la mort.
Soixante ans qu'on accouple à dix-huit... mauvais chiffre !
Tambours ! ouvrez mon deuil avec un air de fifre !..
— N'est-ce pas que je suis un homme de vigueur ?
— Je tranche du héros et j'ai la rage au cœur !
Sortez ! je veux... sortez ! laissez-moi ! que je crève
Comme un vieil obusier, comme un chien sur la grève !

HENRIETTE.

Mon Oncle...

M. TOURVILLE.

  Paix !

HERMINE.

  Hélas... pourquoi mourir ?..

M. TOURVILLE.

        Pourquoi ?
Parceque j'ai tué Montrevel... que pour toi
J'aurais tué le Père Éternel ; que là même
Où je suis bel et bien berné, trompé... je t'aime...
Ventre-Dieu ! va trouver ton Versificateur !..

HERMINE.

Alfred ?.. un fourbe, un traître, un lâche, un imposteur !..

M. TOURVILLE.

Comment..?

HERMINE.

  Mais le mépris que m'inspire cet homme
Est tel que je blêmis d'horreur, quand on le nomme.

M. TOURVILLE (*suffoqué de joie*)

Et moi… moi…

HERMINE.

Plus que vous, qui donc est vénéré,
Aimé, chéri, mon Père !..

M. TOURVILLE.

Hermine… Ho ! j'en mourrai !..
Dis-moi que tu me hais… ta tendresse me tue…
Au malheur je comprends que le cœur s'habitue ;
Mais un bonheur pareil !.. mais non… je ne puis pas…
— Tu m'aimes… pauvre Enfant !..

HERMINE.

Calmez-vous… parlez bas…

HENRIETTE.

Sur son visage, Dieu ! monte un voile écarlate…
—— Mon Oncle, prenez garde…

M. TOURVILLE.

Ouf… mon cœur gonfle, éclate…
Les médecins l'ont dit… je… je…

La parole lui manque, il s'affaisse sur lui-même.

HERMINE.

Mais… calmez-vous !..
Hélas ! regardez-moi qui tremble à vos genoux ;
Mais je suis votre enfant, mais je suis votre femme !..

M. TOURVILLE (*d'une voix éteinte*).

Non… depuis que l'amour a pénétré ton âme,